I 49 b
1302

RÉFLEXIONS

D'UN FRANÇAIS,

AU SUJET

DE L'EXPÉDITION D'ALGER,

PAR M. ADRIEN BOISSY.

> Instant ardentes Tyrii : pars ducere muros
> Molirique arcem, et manibus subvolvere saxa;
> Pars optare locum tecto, et concludere sulco.
> Jura magistratusque legunt, sanctumque senatum.
>
> VIRG. ÉNÉIDE.

Paris.

SE VEND CHEZ LES MARCHANDS DE NOUVEAUTÉS.

JUIN 1830.

IMPRIMERIE DE Ch. DEZAUCHE,
FAUBOURG-MONTMARTRE, n. 11.

RÉFLEXIONS

D'UN FRANÇAIS,

AU SUJET

DE L'EXPÉDITION D'ALGER.

———◆———

Quel peut être le but de l'expédition d'Alger, d'une expédition entreprise à si grands frais, et sur le compte de laquelle le gouvernement s'est à peine expliqué? On sait seulement qu'il n'a rien négligé pour la rendre formidable. Quelques personnes ont affecté de craindre qu'elle n'éprouvât, à son arrivée sur les côtes de Barbarie, le sort de l'invincible armada de Philippe II; en ma qualité de Français, j'étais loin de le désirer, et d'après les sages dispositions du Ministère, d'après les talens et l'expérience des officiers de marine attachés à cette expédition, j'étais encore plus loin de le craindre. Ainsi, rien n'a pu empêcher le débarquement de nos troupes.

Mais je le demande encore une fois; quel est le but de cette expédition?

S'agit-il d'humilier le dey d'Alger, de lui enlever ses trésors, d'assurer la libre navigation des barques romaines, et même, au besoin, de raser la ville et de détruire un repaire de brigands? Ou bien, s'agit-il de former dans cette partie de l'Afrique, un établissement permanent, une colonie qui soit à la porte de la France, et à laquelle on puisse arriver en tout temps, même dans le cas de guerres maritimes?

Je vais examiner l'expédition d'Alger sous ces deux points de vue, qui se lient néanmoins l'un à l'autre, quoique les suites en soient tout-à-fait différentes.

Je dois faire remarquer, avant tout, que c'est la troisième expédition entreprise depuis 1814. Je dirai, en outre, que l'armée d'Afrique (car il faut l'appeler de ce nom), paraît montrer beaucoup d'ardeur et d'empressement. Déjà même, à ce qu'on assure, quelques volontaires se sont présentés; ce qui ne doit guère surprendre dans une nation courageuse, qui pendant vingt-cinq années a connu plus souvent les succès que les revers.

Le gouvernement n'a pas dissimulé sa pensée, lors de la première expédition; il a déclaré qu'il voulait remettre Ferdinand sur le trône. La guerre d'Espagne avait aussi un but secret qu'on ne voulait pas alors indiquer. Le gouvernement a vu avec plaisir qu'il pouvait compter sur l'armée, il a aidé Ferdinand dans ses projets contre la faction libérale, contre des sujets révoltés qui avaient osé s'octroyer à eux-mêmes une constitution; ainsi les deux buts ont été remplis. Au surplus, on a dépensé 300 millions, et cela pour faire pendre Riégo, malgré la foi jurée, et faciliter au roi Ferdinand les moyens de rompre le pacte de famille.

Le public ne pouvait pas se tromper sur le but de la 2e expédition qui était une suite du combat de Navarin; on a eu l'intention avouée de venir au secours des Grecs, et de leur aider à briser leurs fers. L'humanité, la religion sollicitaient notre appui; c'est à nous, à nous seuls, que les Grecs doivent leur indépendance. Nous n'avons pas imité dans cette occasion, le froid égoïsme de ceux qui ont hâté la ruine de

Parga. Sans doute on a dépensé quelques millions, mais nous avons arrêté l'effusion du sang, et nous avons rétabli une nation entière dans ses foyers. Au reste, soit qu'on l'attribue au hasard, soit qu'on en fasse honneur aux dispositions du gouvernement et aux talens de nos généraux, la guerre, en Espagne et en Grèce, à quelques évènemens près, s'est bornée à une promenade militaire. Néanmoins les Français ont montré partout l'ardeur belliqueuse qui les caractérise; il n'a pas tenu à eux qu'ils n'aient rappelé les combats d'Austerlitz et de Marengo, et ceux des plaines de la Champagne. Cependant le but de l'une et de l'autre expédition ne pouvait être le même: dans l'une, le gouvernement voulait rétablir le pouvoir absolu; dans l'autre, il prenait en main la cause des peuples, et il proclamait hautement cette fameuse maxime, que dans les cas d'oppression et de tyrannie, l'insurrection était le plus saint des devoirs.

Quelle que soit l'idée des ministres dans l'expédition d'Alger, quelque soit le but qu'ils se proposent; toujours est-il vrai de dire qu'ils sont mus par un sentiment généreux, et qu'ils s'élèvent, comme par gradations, à des pensées nobles et sublimes. Je ne doute pas qu'Alger une fois domptée, ils ne proscrivent l'esclavage dans cette partie de l'Afrique, et qu'ils n'y appellent la civilisation et les arts qu'elle amène à sa suite. Serait-ce dans l'intention de faire oublier la guerre d'Espagne, que le ministère s'est déterminé pour une entreprise que la situation de l'Europe, les progrès de la raison et de l'industrie demandent depuis si long-temps? Il est honteux en effet, qu'auprès de l'Europe il y ait des contrées, jadis fertiles, jadis couvertes d'une population nombreuse, que la barbarie se plaise à stériliser de plus en plus tous les jours; et il n'est pas moins honteux que les nations qui ont aboli d'un concert unanime la *traite des noirs*, souffrent, pour ainsi dire sous leurs yeux, *l'esclavage en grand* de *l'espèce humaine!* On ne peut donc, au premier abord, que féliciter les ministres d'avoir formé une pensée aussi généreuse.

D'un autre côté, les esprits chagrins, difficiles, seront inclinés à dire que notre gouvernement a été dirigé dans ses entreprises par les circonstances; selon eux, il est impossible aujourd'hui en Europe, à une puissance quelconque, de suivre sans se compromettre des principes fixes et invariables de conduite; il n'est donné qu'à la seule Autriche, grâce à sa position, de rester, jusqu'à nouvel ordre, dans sa routine. Quant aux autres états, ils sont, malgré eux, en proie à une fermentation sourde, à une inquiétude, à un malaise général, qui déjoue souvent les calculs de la politique. De là, une grande hésitation dans la politique des diverses cours. A la vérité, l'Angleterre semblerait exceptée de cette disposition générale; les Anglais n'en sont plus à revendiquer leurs droits. Ils ont une constitution quelconque, et depuis long-temps; *major è longinquo fit reverentia*. Leur politique pouvait donc se rattacher uniquement à leur commerce et à leur dette; c'était jusqu'à présent la seule règle de leur conduite. Nous autres Français, nous en savons quelque chose; mais aujourd'hui, leur position se complique. Quoiqu'ils fassent, ils sont entraînés peu à peu dans le tourbillon général. La même fermentation, le même malaise les tourmente à leur tour. L'aristocratie a beau s'agiter en Europe, les gouvernemens et les peuples sont en présence; ils ont les uns et les autres, leurs prétentions, leurs exigences, et même leurs caprices, suivant lord Littleton. La guerre d'Espagne paraît avoir été entreprise dans l'intérêt des gouvernemens; l'expédition de la Grèce dans l'intérêt des peuples; c'est une concession qu'on a faite au parti constitutionnel. La France a donc eu l'honneur de représenter tous les intérêts de notre continent! Est-ce à la situation, au caractère de ses habitans qu'elle en est redevable?

Quant à l'expédition d'Alger, je ne puis l'envisager que comme un projet noblement conçu, un projet indépendant d'un esprit quelconque de parti, et qui appellera l'admiration générale sur ceux qui l'ont enfanté.

Cette expédition terminée, le gouvernement, forcé d'obéir aux exigences de l'époque, s'occupera-t-il d'une autre expédition, et le Portugal en serait-il l'objet? La gradation serait un peu renversée, soit dit en passant. Néanmoins, je doute que le soldat Français veuille jamais assister à un autodafé. Je ne sache pas qu'on ait conduit au supplice l'infortuné Riégo au milieu d'une haie formée par nos troupes. L'Espagne, elle-même, n'a pas jugé à propos d'intervenir dans les affaires de don Miguel. Le pouvoir absolu a donc des bornes!

Il faut revenir à l'expédition d'Alger, dont il est bon de voir la fin, avant que nous songions à une autre.

Les préparatifs en sont immenses : 30,000 hommes de troupes de terre, 25,000 marins, et une armée de réserve. D'après ces données, on doit se faire une idée des dépenses qu'occasionera un tel armement.

Que fera le gouvernement barbaresque? ou il traitera, saisi d'effroi à la vue d'une armée formidable, ou bien il se défendra jusqu'à la dernière extrémité, et il s'ensevelira sous les ruines de la ville. Dans la première de ces deux suppositions, quelle est l'indemnité, quelle est la garantie qu'il peut offrir? Les trésors auront disparu; le Dey lui-même donnera l'exemple. D'ailleurs, les barbaresques, quoique peu difficiles sur le point d'honneur, ne sont pas gens à se dessaisir aisément du fruit de leurs rapines ; nous nous bornerions alors à faire élever dans la ville, une colonne qui éternisât, pendant quelque temps, l'humiliation des Algériens ; nous aurions dépensé une centaine de millions pour une véritable fanfaronade, ou pour une promenade sur la méditerranée.

Le gouvernement a prévu cette circonstance ; il exigera, n'en déplaise à une certaine puissance, la destruction de la ville, en tant qu'elle constitue un repaire de brigands. D'ailleurs il s'y est engagé par son manifeste, c'est la seule chose qu'il ait avancée essentiellement. Carthage est tout près. Les Romains nous ont tracé notre ligne de conduite ; *delenda Carthago ; delenda Carthago.*

On a dit à cette occasion que la guerre était immorale. Je me suis déjà expliqué là-dessus ; aussi je déclare que j'absous de ma propre autorité tous ceux qui concourront à détruire ce receptacle de bandits ; on poursuit sans relâche l'assassin, celui qui se met en état de guerre contre ses semblables, on livre sans pitié sa tête au fer du bourreau, et l'on voudrait respecter un gouvernement qui ne subsiste que de rapines et de meurtres, un gouvernement qui ne respecte ni la foi jurée, ni les droits les plus sacrés de l'espèce humaine.

Le dey sera donc obligé de se défendre ; il s'ensevelira sous les décombres de la ville ; ce sera une guerre d'extermination. Au reste les Algériens ont eu le temps nécessaire pour se préparer à une vigoureuse défense.

Sans parler de l'Angleterre, toujours disposée à nous nuire lorsqu'elle en trouve l'occasion, ils peuvent appeler à leurs secours, et nul doute qu'ils ne l'ayent déjà fait, cette foule d'officiers à demi-solde de toutes les nations, qui, comme les Suisses, vendent leur sang à qui veut les payer. Ainsi nous aurons affaire, non à des peuplades barbares, indisciplinées, mais à des troupes familiarisées avec la tactique européenne.

Tous ces obstacles ne feront qu'irriter le courage de nos légions, le gouvernement s'y est attendu d'avance. Je vois nos soldats pénétrer dans la ville; immoler quiconque osera se défendre, briser les fers des esclaves, essuyer les pleurs de l'Odalisque tremblante, et raser jusqu'au sol ce repaire affreux de pirates. Mais la ville d'Alger détruite, la guerre n'est pas terminée. Tous les habitans échappés au fer du vainqueur, iront se répandre dans les autres régences barbaresques; ils y porteront leur rage et leur juste haine contre les Français. La conformité de mœurs, de gouvernement, d'intérêts, de religion, les fera nécessairement accueillir comme des victimes arrachées à des oppresseurs cruels. Les mêmes brigandages reparaîtront avec plus de férocité qu'auparavant, et avec un système de vengeance qu'auront trop justifié les malheurs d'Alger. Vous voulez détruire l'esclavage dans cette partie de l'Afrique; il vous faudra détruire Tunis, Tripoli, Maroc, Salé. Est-ce bien l'intention du gouvernement? Veut-il s'établir le grand redresseur de torts, le Don Quichotte de l'Europe? Je lui crois trop de bon sens pour cela; il a des vues plus nobles et plus étendues.

En effet, si l'expédition se bornait à l'humiliation ou à la destruction d'Alger, les ministres s'exposeraient à des reproches fondés de la part de toute la France. Prodiguer 100 ou 200 millions pour une barque romaine, pour un coup d'éventail, renverser une ville de fond en comble sous prétexte que c'est un repaire de brigands, et permettre ensuite que ces mêmes brigands aillent s'établir à côté, et qu'ils organisent le carnage et la dévastation sur une échelle encore plus grande, serait un acte de véritable folie.

Il se présentait un autre moyen pour tenir Alger en respect, et ce moyen qui a été indiqué par le gouvernement, se rattachait à une politique plus haute et plus relevée en apparence; on a dépensé, dit le manifeste, 20 millions en 3 ans pour bloquer Alger; on va dépenser 100 à 150 millions au moins; on n'aurait pas reculé devant 30 ou 40 millions pour maintenir ce blocus pendant plusieurs années, et avoir une occasion de former insensiblement une marine, sans que nos voisins, quelque soupçonneux qu'ils soient, en prissent de l'ombrage. Dans ce laps de temps, le gouvernement aurait fini par mettre des pirates à la raison, et dans le cas où il n'aurait pas réussi complètement, il aurait trouvé un apologiste dans lord Exmouth; au moins il serait parvenu à se procurer d'une manière détournée une marine respectable. Rien de tout cela n'a pu échapper à la sagacité des ministres; mais ils avaient un projet plus grand, un projet capable d'immortaliser l'époque où il a été conçu.

Qel est donc ce projet?

Moi, simple particulier, n'ayant jamais eu de contact avec l'administration, je ne puis pas être initié dans les secrets de la politique; mais je réfléchis; je vois qu'on prépare à grands frais une expédition; je vois qu'on se propose la destruction d'Alger; je vois qu'on a évité de faire la moindre ouverture aux chambres, et qu'on les a renvoyées assez brusquement pour ne pas être obligé de leur donner des explications qui auraient dévoilé les intentions du ministère. Je ne puis me dissimuler, et le gouvernement le sait aussi bien que moi, que la ruine d'Alger ne répondrait pas au but qu'on s'est proposé, et qu'il faudrait pour y arriver complètement, couvrir de nos troupes tout le littoral de l'Afrique, et même l'Egypte ; entreprise gigantesque, qui ne peut entrer dans la tête d'un homme raisonnable.

Le gouvernement, je le répète, a pesé toutes ces raisons, et dans sa philantropie généreuse, dans son zèle ardent pour la civilisation, il s'est décidé pour une occupation permanente, pour une colonie enfin. A-t-il bien fait, a-t-il mal fait de garder le silence à cet égard ? Il pourrait répondre.

. . . . Que pour être approuvés,
De semblables projets veulent être achevés.

Ce n'est pas à moi à le chicaner sur son extrême discrétion. J'avoue qu'à considérer la chose sous le point de vue d'un établissement durable, je souris à l'expédition d'Alger; et que j'appelle depuis long-temps par mes vœux la fondation d'une colonie sur le littoral de l'Afrique. Je dirai en outre que l'état d'Alger est le seul dont il nous soit permis de nous emparer sans violer le droit des gens. Tunis, Tripoli, Maroc observent quelques égards avec nous ; ils ont d'ailleurs quelques commencemens de civilisation. La seule régence d'Alger s'obstine à ne subsister que par le meurtre et le brigandage.

On se propose un but raisonnable dans l'expédition d'Alger, puisqu'on se propose de coloniser cette partie de l'Afrique ; mais de quelle importance peut être une colonie pour la France, et comment parvenir à la former ? Rien de plus facile que d'y faire arriver une foule d'émigrans. La seule chose qu'il convienne ici d'examiner, c'est l'utilité que la France, que l'Europe peut en retirer.

L'Europe éprouve plus que jamais une superfétation de population.

L'Angleterre, à raison de son commerce étendu, est peutêtre le pays qui souffre le moins de cette superfétation; mais la France, l'Allemagne, l'Italie, n'ont pas la même ressource. L'Amérique a pu servir pendant 200 ans à l'écoulement de la population, telle qu'était cette population qu'on voit maintenant s'augmenter chaque année d'une manière sensible; elle ne peut plus le faire aujourd'hui. Saint-Domingue est perdu pour les Colons; l'île de Cuba, la Jamaïque et les autres îles suivront bientôt son exemple. Le Pérou, le Mexique, le Brésil lui-même sont en proie à des troubles intérieurs. Les États-Unis n'ont guère besoin de nouveaux venus; d'ailleurs une distance de 2000 à 3000 lieues ne se franchit pas aisément.

L'Europe travaillée par cet excès de population, doit tenter tous les moyens de faire porter au dehors ce surplus qui ne pourrait qu'occasionner des désordres dans l'intérieur. L'Afrique, je dis le littoral de l'Afrique, l'Asie mineure sont à ses portes. Les communications seraient faciles et promptes. Ces contrées ont été autrefois couvertes d'une population nombreuse; elles sont susceptibles de l'être encore. Le sol n'y a pas sensiblement changé; il est inculte en beaucoup de parties; mais il n'est pas infertile.

Indépendamment de cet excès de population, qui se manifeste pour nous de plus en plus, on peut dire que grâce à la diffusion des lumières et aux progrès de la civilisation, l'espèce humaine a grandi en Europe. Chacun s'établit le juge de ce qu'il doit abandonner de sa liberté; de là des esprits ardens, inquiets, qui peuvent embarrasser les gouvernemens par la fougue de leur caractère. Ils se porteraient en foule dans une colonie naissante, où ils se représenteraient l'homme jouissant de sa liberté primitive. Le déplacement, la diminution des fortunes inévitables dans l'ordre de choses actuel, serait désirer à beaucoup d'individus d'aller s'établir dans une contrée voisine, où leur amour-propre n'aurait pas à rougir, et où ils retrouveraient les habitudes de leur enfance. La classe ouvrière y serait attirée par l'espérance d'un plus fort salaire, et par celle d'acquérir promptement une propriété, sans parler de ceux qui ont fourni jusqu'à présent aux besoins des États-Unis, et qui, forcés par la misère de s'expatrier, se sont arrachés avec douleur au sol qui les a vus naître.

On a eu l'idée d'aller en Égypte, et peut-être y serions-nous encore sans l'impéritie d'un Menou. Cependant cette expédition n'était pas calculée dans la vue d'offrir un écoulement à la population; nos guerres longues et meurtrières y avaient suffisamment pourvu. Mais si nous étions restés en Égypte, en faisant abstraction des motifs réels de notre invasion, et des bouleversemens politiques auxquels elle pouvait donner lieu, ce pays aurait remplacé pour nous Saint-Domingue et le littoral de l'Afrique. Il faut le dire ici en l'honneur du nom Français; nous avons apporté aux Égyptiens les bienfaits de la civilisation; nous avons en quelque sorte régénéré cette terre, berceau de la primitive industrie de l'espèce humaine. Les Anglais n'y ont apparu qu'un instant; ils venaient, disaient-ils, la délivrer de ses oppresseurs, et ils y ont porté la dévastation. Aussi le nom Français y est prononcé avec respect, même sous la tente de l'Arabe.

Ce que nous avons fait en Égypte, nous le ferons dans les plaines de Carthage, dans celles de l'antique Sardes, de Milet, d'Ephèse.

En fait de colonies, j'aurais préféré l'Asie mineure et le littoral de la Syrie; ces pays conservent encore une végétation luxuriante; il serait moins difficile de les cultiver.

Que de souvenirs se rattacheraient à une expédition qui nous porterait dans les plaines d'Ilium, auprès du tombeau d'Achille, sur les rives du Scamandre, dans ces contrées,

Où tous les noms heureux semblent nés pour les vers.

Je songe, d'un autre côté, que le Grand-Seigneur est entré enfin dans la civilisation européenne, et qu'il a droit, sous ce rapport, à tous nos ménagemens.

D'ailleurs, il faut prévoir l'avenir. L'Asie mineure, et même la Syrie, sont trop éloignées de nous. Le sort d'une colonie dans ces plages serait trop compromis. L'Afrique est beaucoup plus près, et s'il y a une partie dans son littoral qui soit à notre convenance, il faut dire que c'est l'état d'Alger; qu'on jette les yeux sur la carte, on verra qu'indépendamment d'un court trajet de 170 à 180 lieues, on peut, en cas de guerre maritime, arriver facilement dans ces parages, et faire assurer à peu de frais, même en Angleterre, hommes, canons et vaisseaux.

Les Algériens n'ont pas le droit de se plaindre de notre aggression. Ils ont eu l'insolence de nous provoquer. Les motifs ne nous manquent pas pour leur déclarer la guerre. Je félicite, pour ma part, le gouvernement, d'avoir saisi une circonstance aussi heureuse, et je suis surpris qu'on l'interpelle avec autant d'amertume sur le compte qu'il aura un jour à rendre des frais d'une expédition qui ne peut tourner qu'à l'avantage de la France, et qui portera au sein de l'Afrique les bienfaits de la civilisation.

Notre colonie une fois établie sur les ruines d'Alger, les arts, l'industrie s'étendent de plus en plus. L'esclavage disparaît devant le Code civil; l'antique féodalité de l'Europe craindra de souiller un sol consacré pour toujours à la liberté. Tripoli, Tunis, qui sont déjà dans la bonne voie, s'empresseront de rivaliser avec leurs voisins; Maroc et Salé rougiront de leur ignorance. L'Égypte prendra un essor nouveau. Nous aurons vivifié tout le littoral; quel honneur pour le ministère, d'avoir arraché à la barbarie une contrée aussi étendue!

Je ne puis me dissimuler que cette nouvelle colonie n'aura rien de commun avec le système pratiqué autrefois pour les îles de l'Inde et de l'Amérique. C'étaient non des cultivateurs, non des artisans, que les émigrans pour les îles, mais des chefs d'ateliers, que l'avidité du gain forçait à s'expatrier, et qui se procuraient, par le plus horrible attentat contre l'espèce humaine, les ouvriers qui leur étaient nécessaires. Il était en outre interdit aux colons de pourvoir eux-mêmes à leur propre subsistance; il fallait qu'ils la tirassent de la métropole, à laquelle ils étaient obligés de fournir, en échange, les produits du travail de leurs esclaves; toujours dans la dépendance de cette métropole, ils étaient, malgré eux, entraînés dans toutes les guerres de l'Europe. On ne tirait pas un coup de canon dans la mer du Nord ou dans la Méditerranée, qu'il n'allât retentir jusqu'à la Jamaïque et jusqu'à l'Ile-de-France.

Ici tout est différent; ce sont des cultivateurs, des manufacturiers qui vont s'établir dans une contrée voisine. Leur subsistance ne dépendra pas de la métropole, ils sauront se suffire à eux-mêmes pour les premiers besoins de la vie; attachés au sol nouveau qu'ils auront fertilisé, ils le défendront avec courage contre une aggression du dehors; ainsi, loin d'être à charge à leur ancienne patrie, ils pourront venir à son secours.

Il est entendu, néanmoins, qu'ils seront, pendant quelques années, dans la dépendance de l'état qui aura fourni aux frais de leur installation, qui les aura soutenus, protégés contre les excursions des Arabes et les attaques du dehors ; mais il faudra, en définitive, les considérer comme des enfans qu'un père de famille a émancipés, et qu'il a établis dans des campagnes voisines ; ils lui doivent du respect et de l'attachement; quant aux liens de l'obéissance, ils sont rompus de plein droit. Il est difficile de déterminer, de fixer combien de temps doit durer la dépendance et la soumission de ces nouvelles colonies, relativement à la Métropole ; cela tient à beaucoup d'événemens qu'il n'est guère possible de prévoir.

On alléguera peut-être ici l'exemple de l'Espagne qui s'est dépeuplée, lorsqu'elle a pris possession de l'Amérique, et l'on craindra le même sort pour l'Europe. Les gouvernemens veulent avoir, si non des sujets, au moins des Administrés, sur lesquels ils lèvent les impôts nécessaires à leur représentation, à leur luxe et à leurs folies. Ils s'opposeraient à des émigrations capables de tarir la source de leurs revenus. Je dois les rassurer à cet égard.

Les Espagnols ont été poussés au Méxique, par la soif de l'or, et ils ont négligé l'agriculture. Ajoutez à cela l'expulsion des Maures, l'Inquisition, et les vastes possessions du clergé. Il n'est donc pas étonnant que l'Espagne reste dépeuplée, grâce à tant de causes réunies. Mais les circonstances ne pourront être les mêmes, dans le cas d'un établissement en Afrique. Les nouveaux Colons seront des cultivateurs, des industriels, des ouvriers, tous sans emploi, qui préféreraient à partie égale rester dans leur patrie, et qui dans leurs projets d'émigration conserveraient toujours l'idée de revoir les lieux où ils ont pris naissance ; ce seraient tous ces émigrans qui se portent en foule au Brésil, aux États-Unis, malgré le peu d'avantages qu'ils y trouvent; ce seraient des Italiens, des Espagnols; ce serait cette jeunesse ardente, ombrageuse, dont l'activité se développerait sans danger sur une terre nouvelle.

A considérer les choses par rapport à la France, le nombre des ouvriers de toute espèce y diminuerait. Cependant grâce au perfectionnement des machines, la quantité de travail pourrait augmenter. Ainsi puisque c'est la quantité de travail qui constitue la richesse d'une nation, on voit que cette quantité peut s'accroître, même avec une grande diminution dans la classe ouvrière; c'est une raison de plus qui doit engager un gouvernement sage et prévoyant, à faciliter par des colonies l'écoulement d'une population sinon exubérante, au moins non occupée.

On demandera de quel intérêt il est pour la France, d'établir à si grands frais une colonie qui doit un jour ou l'autre se soustraire à son autorité, une colonie destinée dès son origine à l'Europe entière, une colonie où l'on recevra toutes sortes d'émigrans, Français, Belges, Allemands, Espagnols, Italiens, Anglais; en un mot, tous les aventuriers de notre continent. Oui, vous recevrez tous ces aventuriers, et vous ferez bien.

J'ai dit que l'expédition d'Alger était un projet noblement conçu, un projet qui ne pouvait avoir été enfanté que par une philanthrophie généreuse. L'intention des ministres était d'appeler la civilisation sur une terre barbare, elle sera donc remplie, cette intention. Ce n'est pas que la France n'y trouve son compte d'une autre manière.

Je ne répéterai pas ce que j'ai dit sur les progrès de l'esprit humain, sur la population de la France, sur le perfectionnement des machines. Mais je dirai seulement que cette première colonie sera toute française.

Qu'on se représente les États-Unis d'Amérique. Français,

Allemands, Hollandais, Suisses, et Anglais enfin s'y sont portés indistinctement. L'Europe presque entière a contribué à leur population. Mais ils étaient soumis au gouvernement d'Angleterre, et sans qu'il soit besoin que je m'étende à cet égard, on voit que les mœurs, la langue, les usages, la littérature, ont été une suite du gouvernement qui les régissait, sauf quelques modifications exigées tant par les circonstances que par les localités ; il en serait de même de notre établissement en Afrique; on y trouvera tailleurs, marchandes de modes, salles de bals, de spectacles, danses sous le sycomore fêtes et dimanches, préfets, commissaires de police, gendarmes, réunions de petits auteurs pour faire une petite pièce ; rien n'y manquera de ce qui constitue la France, pas même les douanes et les droits réunis.

Quo semel est imbuta recens servabit odorem
Testa diu.

On a parlé à Carthage, à Hyppone, à Utique, la langue de Virgile et de Cicéron. On y parlera la langue de Racine et de Pascal. Quelle plus brillante époque dans les annales de la France !

On m'opposera avec quelque apparence de raison, l'état d'hostilité ou plutôt de rivalité qui existe entre l'Angleterre et l'Amérique du Nord. On craindrait qu'une colonie fondée par la France ne s'unît un jour à ses ennemis, et ne vînt ravager ses côtes.

Les Etats-Unis ne peuvent se soustraire aux habitudes de commerce qu'ils ont reçues, non de leur mère-patrie, mais de leur premier gouvernement. Il eût été peut-être plus sage pour eux, lors de leur émancipation de la métropole, de s'abandonner uniquement à l'agriculture ; mais, fidèles à leurs premières habitudes, ils ont voulu à la fois être commerçans et cultivateurs. Ils n'ont pu résister à l'envie d'exploiter, comme les Anglais, le commerce en grand. D'ailleurs, ramenés en Europe à chaque instant, à travers une vaste étendue de mers, ils se sont familiarisés avec les navigations de long cours.

Rien de tout cela ne peut avoir lieu pour notre colonie; ce sont les défrichemens, c'est la culture des terres qui sera sa principale occupation; elle n'aura de relations qu'avec les puissances qui viendront chez elle échanger les objets manufacturés dont elle aura besoin, contre les produits de son agriculture. Placée en dehors de l'Europe, quoique dans son voisinage, étrangère aux haines et aux passions des Gouvernemens, elle ne prendra part dans leurs guerres qu'autant qu'elle le jugera nécessaire à sa propre sûreté.

L'Angleterre, dira-t-on encore, l'Angleterre, cette rivale toujours jalouse de la France, ne peut nous permettre de rester en Afrique, c'est-à-dire d'y former des établissemens, qui, en cas de guerre, entraveraient son commerce dans la Méditerrannée; je sais bien que la colonie ne tardera pas à s'émanciper; jusques là, elle aura besoin de notre appui, et ce sera pour nous une occupation militaire; mais peut-on comparer la ville d'Alger avec Gibraltar et Malte? Je ne doute pas néanmoins, que le ministère ne se soit entendu pour son expédition avec le cabinet de St.-James, car s'il ne s'agissait effectivement que d'humilier le dey d'Alger, et de se venger d'un malheureux coup d'éventail, il y avait pour cela des moyens moins dispendieux, et qui étaient plus dans le véritable intérêt de notre marine. Mais je dois admettre la possibilité d'un changement de politique dans le ministère anglais.

Il faut donc examiner s'il serait bien sage de la part de ce ministère, d'empêcher que la civilisation européenne ne s'étendît sur le littoral de l'Afrique. Qu'importe ensuite, que cette civilisation se développe sous la protection de la France, de l'Espagne, de la Russie? La France, par sa position dans la Méditerrannée, par sa population exubérante, par les divers partis qui l'agitent, et par son esprit chevaleresque, est la seule qui ait pu songer à une expédition semblable. Je ne puis penser que les suites en soient à craindre pour une puissance quelconque. Qui dit civilisation, dit un ensemble d'habitudes, de besoins, de jouissances, devenues parties essentielles de notre existence. Ceux qui se porteront en Afrique, sont accoutumés aux produits de l'Europe; il leur faudra du sucre, du café, des vins, des draps, des bronzes, des tapis de toute espèce; toutes choses qu'ils ne peuvent produire de long-temps par eux-mêmes. Ce seront des marchés de plus ouverts au commerce. La métropole voudra sans doute favoriser l'industrie de ses régnicoles; mais sur des côtes aussi étendues, comment prévenir la contrebande. Si les Anglais vendent à meilleur marché, ils auront la préférence, et c'est ainsi qu'ils l'obtiennent généralement. D'ailleurs, nos colons n'hésiteraient pas à se révolter contre la mère-patrie, si elle les assujétissait à des droits ou trop gênans ou trop onéreux.

Les Anglais auraient la ressource d'occuper militairement quelques points de la côte. Tunis, Tripoli ne leur opposeraient pas de résistance; ils consolideraient de cette manière leur puissance dans la Méditerranée. Je n'ai pas besoin de donner des conseils aux dominateurs de Corfou, de Malte et de Gibraltar. La Russie à leur exemple fondera peut-être une colonie sur ce littoral; l'Espagne peut augmenter le territoire de Ceuta. Ainsi l'Arabe vagabond, errant dans les déserts de la Lybie, sera à même, sans sortir de son pays, de juger toute l'Europe ; il comparera les langues, les littératures, les mœurs, les usages. Aujourd'hui dans un salon Français, demain à un combat de taureaux, ensuite pressé dans un rout, assistant après à une revue militaire ; il rapportera silencieux sous sa tente les émotions différentes qu'il aura éprouvées ; mais quittera-t-il son chameau et sa jument ? J'envoie en Afrique, la Russie, l'Angleterre et l'Espagne. Je permets également à l'Autriche d'arriver dans ces parages, ne fût-ce que par la voie de Trieste. Je ne veux pas qu'on dise que la France seule a le droit de s'y établir ; la Méditerranée appartient à tous les peuples civilisés ; aux Anglais, comme aux habitans des États-Unis et à ceux de Saint-Domingue. Les Anglais ne doivent pas se dissimuler d'ailleurs que l'Inde leur échappera un jour. Les peuples de cette contrée sentiront leur force et s'indigneront d'obéir à des étrangers.

A propos de l'Inde, il est bon de faire remarquer ici que, grâce à l'expédition projetée, la Civilisation sera en mesure de faire le tour du monde. Les Anglais ont porté en Asie les arts de l'Europe : la France va les porter en Afrique. Quant au nouveau continent, on n'ignore pas que ceux qui l'ont découvert y ont implanté leurs mœurs et leurs institutions. On n'y trouve que des Anglais, des Espagnols, des Français et des Allemands ; ainsi tout le globe ressentira les effets de la civilisation. L'homme va être partout dans l'heureuse obligation de faire usage de sa raison et de son intelligence. C'est alors que sera résolu ce grand problème qui a tant embarrassé Montesquieu ; on saura si au milieu d'une nature luxuriante, l'homme seul doit rester souffrant, comprimé, privé d'énergie, semblable à ces plantes grêles et rares dans les steppes de la Sibérie, qui semblent déposer contre la fertilité de la terre.

Revenons aux Anglais. Je pense qu'il est de leur intérêt de songer d'avance à remplacer l'Inde. Sous ce rapport, l'expédition projetée doit leur convenir. N'ont-ils pas, d'ailleurs, des marchés ouverts à leur industrie dans les nouveaux états de l'Amérique? Ils peuvent néanmoins faire des fautes; entrainés par leur ancienne jalousie contre la France, ils peuvent se tromper sur leur véritable position. Je suppose donc malgré les sages précautions de nos ministres, malgré les mille notes diplomatiques échangées, que le cabinet de Saint-James, après que nous nous serons épuisés en hommes, vaisseaux, argent, enverra un autre Popilius nous dicter insolemment ses ordres. Que faudra-t-il faire? Je vais le dire avec toute l'amertume d'un Gaulois. Nous ne devons pas supporter l'idée que nous sommes à la remorque de l'Angleterre. Il faut opposer vaisseaux à vaisseaux, rétablir et les péniches et les coquilles de noix ; organiser des bateaux à vapeur, et dire ensuite, *fata viam invenient.*

Au reste, il n'y a pas de raison de craindre sérieusement les Anglais. Puisqu'ils n'ont pas jugé à propos d'empêcher les Russes d'arriver au golfe Persique, ils ne nous empêcheront pas de nous étendre jusqu'au mont Atlas. Les plaines de la Lybie ne sont pas sur les routes de l'Inde. En mettant à part tous les avantages qui résulteraient pour eux d'une colonie dans le voisinage de Gibraltar, ils ne voudraient pas entraver l'exécution du noble projet de notre gouvernement. Ils ont aboli les premiers la traite des noirs. Ils nous faciliteront, j'en suis sûr, les moyens d'abolir la traite des blancs. Nous devons au moins prêter aux Anglais quelques vertus. La terre classique de la liberté ne s'opposera jamais à l'émancipation de l'espèce humaine; en voilà, j'espère, assez pour les Anglais.

Je me suis associé à la pensée des ministres, parce que j'ai vu, dans l'expédition d'Alger, un projet fortement conçu, un projet qui va mettre fin au malaise qu'éprouve aujourd'hui l'Europe. Je ne puis croire qu'il y ait un Gouvernement assez dépourvu de sens pour refuser même de nous aider.

Ainsi voilà ma colonie fondée, établie sur une base solide; elle va s'étendre à droite et à gauche sur tout le littoral; elle portera ses excursions jusqu'au mont Atlas, et de là se répandra dans l'intérieur de l'Afrique, la seule partie du monde qui nous soit restée inconnue; elle se présentera aux peuples divers qui l'habitent, toujours précédée par la civilisation et par le code de la liberté; on découvrira à coup-sûr des habitans indigènes qui n'ont eu aucun point de contact avec le reste du globe, et qui ne doivent qu'à eux-mêmes ce qu'ils ont d'industrie et de connaissances. Les sociétés savantes de l'Europe vont toutes être sur pied, elles chercheront à rivaliser avec l'Institut d'Égypte. Le nom de la France et de ses ministres se rattachera à tant de résultats importans.

Il est temps que je me résume.

L'expédition d'Alger a pour but d'abolir la traite des blancs, d'ouvrir de nouveaux canaux au commerce et à l'industrie, d'offrir à la France et à l'Europe un écoulement facile pour la population, et d'y ramener pour long-temps la paix et la tranquillité.

Qu'on vienne maintenant refuser à nos Ministres de la profondeur dans les vues.

www.ingramcontent.com/pod-product-compliance
Lightning Source LLC
Chambersburg PA
CBHW060931050426
42453CB00010B/1960